Adolfo
# BURRIEL
Borque

# Poemas para
# desordenar el silencio

COMUNITER
EDITORIAL

POE
SIA
COMUNITER

# Poemas para desordenar el silencio

Primera edición:
febrero de 2024

www.editorialcomuniter.es

Coordinación: Adolfo Burriel
Editor: Manuel Baile

Diseño de cubiertas y maquetación:
Editorial Comuniter

Esta edición es propiedad de la
Editorial Comuniter S.L.
Publicación N.º 307

ISBN: 978-84-18973-41-3
Depósito legal: Z 334-2024

Impreso y encuadernado en talleres de
Editorial Comuniter

## Sobre el autor

Adolfo Burriel Borque, de nacimiento soriano, ha vivido desde los 2 años en Aragón. Es licenciado en Derecho, ejerció como abogado laboralista y fue Diputado en las Cortes de Aragón.

Participó en el llamado libro *Generación del 65*, que editó en 1967 la colección *Poemas*, con prólogo de Miguel Labordeta, y que no vio la luz al ser secuestrado por el entonces Gobierno Civil de Zaragoza.

Ha recibido los premios de poesía Alegría, Ángaro, Santa Isabel de Portugal, accésit del premio Vicente Martín, Flor de Jara, Ciudad de Ronda, Ciega de Manzanares, Jerez de los Caballeros, El Escorial, etc. y sus poemas y artículos han visto la luz en revistas y periódicos.

Está casado con Sofía, tiene un hijo, Jaime, una nuera, Susana y una nieta, Nahia.

# Poemas para desordenar el silencio

POESÍA COMUNITER

Para quienes no callaron.
Por ejemplo,
Rosa Luxemburgo, Nevenka Fernández,
Francisco de Quevedo, Nicolás Bernardo,
Eugenio de Nora… Y más.

*... Sueños al borde del prodigio,*
*largas caravanas en busca*
*de amor e insurrecciones,*
*dioses por fin equivocados,*
*escapatorias al futuro,*
*madres osadas que han parido*
*preciosos aguaceros,*
*voces vibrantes,*
*manantiales de rosas en el pubis*
*de las hembras relámpago,*
*heridas blancas,*
*dulces pecados envolventes...*

# I

*A veces un pájaro pasa como una mano helada*
*y comprime con dureza las gargantas anhelante*

**Benjamin Péret**
(traducción de Manuel Álvarez Ortega)

Hemos llegado en tiempos del penúltimo
Imperio.

Todo nos trajo aquí,

mares a la deriva,
abrazos imposibles,
sueños anocheciendo,
el regreso de viajes
que nunca fueron iniciados,

todo dejó sus huellas y su nombre,


dioses irreverentes,
pasiones prohibidas,
días gastados
en desdoblar rincones,
sendas que caminaron a su origen,
colores desunidos,

largas filas de infieles abandonos,

fieros
hijos
de
perra
cultivando con ira los jardines…

# II

*… arrinconad las ruinas,*
*desescombrad tanto silencio…*

**Santa Catalina de Siena** (más o menos)

I

Extensa viña donde el tiempo
no renueva las cepas,
praderas que olvidaron
el viento,
            oscura luz
que cambia el vuelo de las aves,

alrededor que no vislumbra
el corazón del árbol,

                    los desiertos,

clamor ausente que no dice
en qué lugar de las preguntas
han muerto las respuestas…

II

…y tiempos
que nunca fueron despedidos.


Los primogénitos de los maltratadores
guardaban el licor en la bodega,
las orquestas de réquiems
rompían los violines
en los sueños del coro,
anónimos cuchillos
ofrecían su dura suavidad
en sucios mataderos,
blancas rosas fingían
su falsa mansedumbre,
el arzobispo de Constantinopla
bendecía las nalgas
de lindos niños beatíficos,

y
el general de los ratones
firmaba las sentencias
con tintas invisibles
los días indelebles.

Fosas ocultas
entregando su olvido a los verdugos,

flores inciertas,
                    plazas derrocadas,

acre sabor de gemas repartidas,


tiempos que nunca fueron despedidos,

y dioses miserables
que han traído del hielo sus milagros.

III


… la hora transparente.
Como una luz que fueran apagando,
las largas soledades y los siglos.

Lunas suplantadas por rostros
de piedra,

ciegos jinetes
al fondo del olvido

fragmentos del espejo
que muestran deformados los desnudos.



Pasó la hora,
la hora transparente.
            Los días atrevidos y sus noches.

Las pupilas sin brillo
de los hombres callados
contemplan arrobadas
los cuernos del becerro,

viejos pasos recorren
el atrio de la iglesia
donde las túnicas oscuras
envuelven
los salmos a los dioses.

Rosas violentas
esconden la memoria de los muros,
no recuerdan la luz, esquivan
el duelo de los días despiadados.

Los silencios del viento
cavan a solas
el vientre seco de la tierra,

y la sed que se siente
alimenta los labios funerales.

Pasó de largo.

Fue madre devorada.
                    Como un viento extraviado,
como un relámpago de hielo.

IV

La casa abierta ya no existe.

El padre
ha vaciado los odres del aceite,
ha encerrado su espera en el desván,
dicta palabras vanas que solo llegan al silencio,

la madre
ha desnudado el traje de su boda,

los niños
no encuentran los veranos,

el heredero escucha
el grito ausente
que dejan los desiertos.


Callan las caracolas.

La casa ya no existe,

las orillas que aguardan al velero
cayeron a la mar,
las primaveras rojas extraviaron
el viaje,
el viejo corazón ya no reparte
los latidos,
crepita lentamente la nostalgia,
y los bravos soldados se amontonan
sumisos
ante la ruda voz del comandante.
La casa ya no existe.

¿Dónde partir el pan,
dónde ceder el beso
a los dulces desnudos,
dónde sentir el gozo del hastío,

dónde las flores ebrias
abrirán su tumulto
de labios,
qué secreto el vacío desenreda?
La casa ya no existe.

Los hombres silenciosos
han derribado los recuerdos,
explanaron el yermo, preparan la cosecha,


sueño de látigos
en los meandros del olvido.

V

Vosotros los que fuisteis
amantes de todos los caminos,

no reprochéis al cielo
los tiempos incurables,

mirad
al padre de los hijos
desempolvando el óxido
de los besos de cobre,

mirad al líder
bajo el Arco de Triunfo,

mirad
la bóveda del circo
cobijando a los héroes,

mirad,
        mirad
sus bellos torsos bronceados.

Mirad este lugar
en el que fuimos concebidos,


¡salud os den los que se amaron!

llenad los corazones
con la sangre que brota de las ubres
de las madres borradas,

reconoced el polvo,

amad las lágrimas del sauce,
buscad el lirio
que enternece los bosques,
la sal que guarda el alma de los mares,

sellad el féretro del sapo,

las espadas que ayudan
al suicidio del ángel,

desordenad este silencio,


¡salud,
salud, las vastas noches y tu huida!

VI

Para los días sin encuentros
hay una mancha roja y noche,
                        sin refugio,

cazadores de ciegas soledades.


Cuando los peregrinos
desertan de los besos,
y extravían los pasos,

y las manos cerradas
sobreviven,

los días sin amor,
                y sin recuerdos,


y hay una mancha roja y noche,
                        sin refugio.

¡Hurra por los muertos impuros,
por los degollados de pena,
por los hacedores de sombras,
por los búhos al borde del asombro,
por el caballo negro de Santiago,
por los rastreadores de derrotas
que buscan
constelaciones en la noche!
¡hurra por el tropel de los incrédulos,
por las palabras cavernosas,
por la gran polvareda,
por la senda de los cuadrúpedos,
por los acantilados indefensos,

los lutos milenarios!,


valor en las mañanas que resbalan del cielo,
valor,
        valor a los vencidos.

VII

Hemos llegado tarde,

al invisible corazón
de la niebla,
                la niebla que fue siempre silencio,

al huerto de los pájaros sin canto,

hemos visto los hierros que construyen
confusos laberintos.

Hemos palpado el humo
que venía del monte,
la desnudez del vientre
que nunca fue engendrado,
el viento trotamundos,
los días
del gran atardecer,

hemos hecho el amor
a la sombra del aire
esperando la nunca,
la nunca presentida certidumbre.

Hemos vaciado el bosque.
En el pretil de la hondonada
hemos dormido,

somos la ardiente sed de los borrachos,
la ceniza que deja
la muerte de las flores,

la más bella derrota
de aquellos que cambiaron nuestra historia,


y luego
la
esculpieron
con
gloria
en
la
puerta
cerrada
de
los
templos.
vacíos.

# VIII

*El día de este poema*
*126 migrantes mueren en el Mediterráneo*

La impura aurora del camino,
polvo de un viento despoblado.

IX

Días de rosas vigiladas.

Bajo la tierra sorprendida
yerran las últimas palabras
del muerto.

## X

Despreciarás al padre
que yace con el perro,
manosea la luz,
provoca la tristeza de los bosques,
cultiva rosas minerales.

Despreciarás al dios impuro
que custodia la muerte y sus cenizas.

Despreciarás el manto silencioso
que oculta
las negras y radiantes
ventanas de la noche.

Despreciarás al héroe que clava
puñales en sus hijos
y evoca con su furia el bajo vientre
del asno.

Despreciarás al falso fabricante
de palomas,
al trovador de salmos
que anuncia profecías
en la tierra quemada,

al misionero que condena
la sed de los desnudos
y castiga la piel por cada beso.

Despreciarás su nombre,
despreciarás su patria
y sus canciones.

Que así sea.

XI

Y ahora,
repasa las guerras que perdiste, escucha
las marchas militares, cómo suenan
ilustres y desiertas muchedumbres.

Celebra
la entrega de medallas
que cuelgan victoriosas de los pechos
del yermo,

contempla
la casa dividida,
las lápidas de mármol,
el glorioso sonar de la victoria,

agita el estandarte,
mece a los viejos niños
que viven de esperar el mediodía.


Y luego,
busca los sueños envolventes,
ajusta el paladar a los duraznos.

Oh hombre venturoso,
que la celebración te guarde,


visita el cementerio,
saluda tus despojos,

la estancia, madre,
donde puede que nazcan nuestros hijos,

y
que el viento ondee tus riquezas,
mientras los maniquíes cruzan
el puente irremisible
de los hombres callados.

## XII

Malaventuradas las rosas
crecidas en los muros,
malaventurados los
milagros convertidos en trofeos,
malaventuradas las
mil verdades inconfesables,
malaventurados los
evangelios apócrifos
y las fábulas inocentes,
malaventuradas las manos
vacías,
malaventurado el honor
debido a un solo hombre,
malaventurada la hierba
del hoyo y de la cal,
malaventurada la herida
que nace con el alba,
malaventurada la voz
que organiza el silencio,

bienaventurada la nebulosa
de los Pilares de la Creación,

malaventuradas las largas
horas del miedo.

# XIII

No deis las gracias
por los viajes que nunca nos llevaron,

por las revoluciones retrasadas,
o por las rosas redimidas.

No deis las gracias
por el fragor de la ternura,

tampoco
por el libertinaje de los sueños,
por las metáforas resplandecientes,
por la melancolía de cristal.

No deis las gracias
por las bellas luciérnagas
que mancillan la noche,
nunca las deis por el silencio,


no por desescombrar
los campos de la guerra.

Dadlas por las palabras
sin orden,
los días estridentes,
los ojos infantiles,
el nombre de los pájaros,
los siete veces siete pecados capitales,
las islas inventadas,

dadlas,
        dadlas también,
por los sabios no ajusticiados,

por la derrota irredimible
de todos los poetas.

XIV

Sobre la piedra y el silencio,

el peso de las horas que fueron alumbradas
por un fanal de noches,


allí
donde los ciegos
esconden sus pupilas.

XV

*(Hospital de Gaza, 17 de octubre de 2023)*

Hamida, Maissa, Assim,
Bilal, Jamil, Ikram,
Lafita, Reda, Nasra,
Marjane, Adila, Nur,
Olaya, May, Azhar,
Farah, Yusuf, Yaser,
Hamida, Maissa, Assim,
Bilal, Jamil, Ikram…

… Y ahora, ¿quiénes son?
¿A dónde ya no van?

XVI

*Sepulta la flor y deposita al niño sobre este sepulcro*
**Paul Celan**

El corazón de un niño, el otro niño,
los niños,

la espuma blanca de la seca tierra
del alma,
          de los ríos rojos
que bañan las heridas,


cunas de piedras acalladas
por las voces que pudren
las frutas de la tierra,

tierra desposeída tierra,

los niños de las madres que fueron despreñadas,
separados del día,

                   muertos
por dioses de cenizas,

alba que esconde
el desvanecimiento de las rosas
y disfraza de escombros la paz de los sepulcros,

el corazón de un niño, de otros niños,
los niños
que solo son silencio.

---

Según la organización de Derechos Humanos Euro-Med Monitor, a 9 de diciembre de 2023, la cifra de muertos palestinos sería de 23.012, de ellos 9.077 niños y niñas, un 40%. "Como cientos de niños más permanecen atrapados bajo los escombros de los edificios destruidos con escasas posibilidades de sobrevivir, es probable que el número total de muertos infantiles supere los 10.000", sigue diciendo el informe.

XVII

De los muros que fueran piedra virgen
han arrancado la raíz
de los hierros del alba.

Besarnos,
sea el áspid quien muere.

# III

*...un sueño de mendigos donde existen*
*cristales rotos, rosas rojas*
*de humo, lanzadores de cuchillos,*
*besos de sal,*
*ángeles de ceniza,*
*peces perdidos como náufragos,*
*un griterío*
*de sueños de mendigos donde existen*
*cristales rotos, rosas rojas*
*de humo, lanzadores de cuchillos,*
*besos de sal*
*ángeles de ceniza,*
*peces perdidos como náufragos,*
*un griterío*
*de sueños de mendigos donde existen*
*cristales rotos, rosas rojas*
*de humo, lanzadores de cuchillos,*
*besos de sal, ángeles de ceniza,*
*peces perdidos como náufragos,*
*un griterío...*

¿Recuerdas
el dolor,
        voces
hundidas en la tierra
de nadie,
trasladadas a sombras que predican
el duelo?


¿Recuerdas la sentencia,
la carcajada del crepúsculo,
los pájaros de cobre,
la luna ciega,
la saliva del sapo.
el fracaso de dios?


¿Recuerdas
las dádivas del diablo,
las madres infecundas,
los muertos
en hoyo impenetrable?

¿Recuerdas qué pecado
nos falta cometer,
qué hace tu hermano solo
en garras de la ira,
tu padre dando voces,

recuerdas,

recuerdas
          quién disloca
los ritmos de este estruendo?

*Del pico gris*
*de una paloma cuelga*
*una serpiente.*


¿Recuerdas
la mueca de tu rostro
devuelta por las aguas
del lago,
          recuerdas
qué,
      quién
avisa al desamor,
oscurece los besos,
desata los abrazos,

recuerdas
el misterio invisible,
cuántas tierras no holladas
en la orilla del sueño?

¿Recuerdas
la llegada del hambre,
el cielo convertido
en hielo impenetrable?

¿Recuerdas
cuántas hembras,

                patria pobre,
ofreciendo los vientres
a su sangre?
¿Recuerdas quiénes ríen
en la fiesta acabada,
quiénes visten de blanco?

¿Recuerdas
el ojo de la aguja?

*Del pico gris*
*de una paloma ciega*
*cuelga,*

         *cuelga*
*una serpiente de barro.*

**IV**

*Cuando crezca el ciprés*
*la fuente será un niño*
*de voces circulares.*

*Será preciso entonces*
*que dejen de venir los alacranes.*

(De un poema sin uso)

# ÍNDICE